Vente des Mardi 29 et Mercredi 30 Novembre 1892

HOTEL DROUOT, SALLE N° 8

# ORFÈVRERIE

## ANCIENNE ET MODERNE

## BOITES — MINIATURES

## BIJOUX, ÉVENTAILS

## OBJETS VARIÉS

EXPOSITION PUBLIQUE

LE LUNDI 28 NOVEMBRE 1892

|  |  |
|---|---|
| COMMISSAIRE-PRISEUR | EXPERT |
| **Mᵉ Paul CHEVALLIER** | **M. Ch. MANNHEIM** |
| 10, rue de la Grange-Batelière, 10 | 7, rue Saint-Georges, 7 |

EXEMPLAIRE DE H. STETTINE

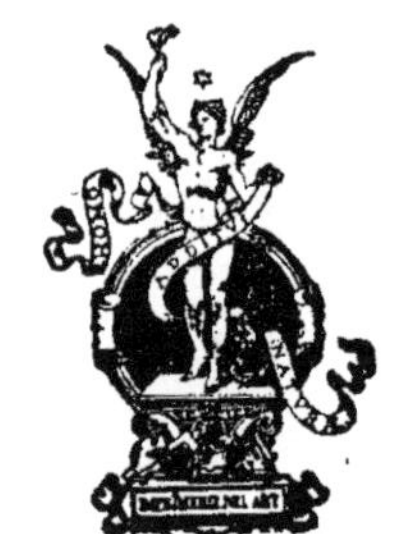

# CATALOGUE

DES

# BOITES ET MINIATURES

## ÉVENTAILS

## ORFÈVRERIE ANCIENNE ET MODERNE

### BIJOUX

OBJETS VARIÉS

DONT LA VENTE AURA LIEU

## HOTEL DROUOT, SALLE Nº 8

Les Mardi 29 et Mercredi 30 Novembre 1892

*à 2 heures*

COMMISSAIRE-PRISEUR
**Mᵉ PAUL CHEVALLIER**
10, rue de la Grange-Batelière, 10

EXPERT
**M. CH. MANNHEIM**
7, rue Saint-Georges, 7

## EXPOSITION PUBLIQUE

Le Lundi 28 Novembre 1892, de 1 heure 1/2 à 5 heures 1/2

# CONDITIONS DE LA VENTE

La vente sera faite expressément au comptant.

Les Acquéreurs paieront CINQ POUR CENT en sus des adjudications.

L'Exposition mettant le public à même de se rendre compte de l'état des objets, il ne sera admis aucune réclamation une fois l'adjudication prononcée.

Paris. — Imp. de l'Art. E. Ménard et Cⁱᵉ, 41, rue de la Victoire.

# DÉSIGNATION DES OBJETS

## BOITES

1 — Boîte oblongue Louis XV, en nacre, montée à cage en or; elle présente sur chacune de ses faces des sujets allégoriques : paysages, motifs rocaille appliqués en or découpé, ciselé et enrichi de grenats et de roses.

2 — Boîte ovale Louis XVI, en or de couleur guilloché et ciselé; sur le couvercle, un trophée d'attributs de l'Amour, encadrements de feuillages.

3 — Boîte plate oblongue en or ciselé, à motifs rocaille; sur le couvercle, émail : Portrait de femme.

4 — Boîte ronde en or guilloché; bordure décorée de feuillages ciselés. Commencement du xixᵉ siècle.

5 — Boîte ovale Louis XVI, en poudre

d'écaille bleue, montée en or de couleur ciselé à feuilles d'acanthe; sur le couvercle, émail : Sacrifice.

6 — Boîte oblongue à angles coupés, en or de couleur guilloché, décor de pilastres et postes; sur le couvercle, émail : Amour tenant des guirlandes de fleurs.

7 — Bonbonnière en forme d'œuf, en écaille posée et piquée or et argent Louis XV.

8 — Boîte en forme de coquille, émaillée bleu turquoise et montée argent.

9 — Boîte ovale en ancienne porcelaine de Mennecy, montée argent, décor de fleurs sur fond simulant la vannerie.

10 — Boite ovale en cristal de roche, Louis XVI; monture or de couleur à feuillages.

11 — Petite boîte oblongue Louis XVI, en caillou d'Égypte, montée or, à cage.

12 — Drageoir Louis XV, de forme contournée, en caillou d'Égypte, monté or.

13 — Drageoir Régence, de forme con-

tournée, en caillou d'Égypte; monture or
à coquilles et rinceaux.

14 — Petite boîte ronde en caillou d'Égypte,
montée or.

15 — Boîte oblongue, de forme élevée, en
ancienne porcelaine de Saxe; sur le
couvercle et le pourtour : Scènes mari-
times; à l'intérieur : Diane et une de
ses suivantes.

16 — Boîte oblongue en ancienne porcelaine
de Saxe; jetés de fleurs sur fond simulant la vannerie; sur le revers du couvercle : Personnages dans un parc.

17 — Autre, même porcelaine; sur le couvercle : Diane au repos; sur le pourtour:
Sujets de chasse; au revers du couvercle : Nymphe et Amours.

18 — Boîte ovale en ancienne porcelaine de
Saxe, montée argent doré : Danses et
sujets champêtres dans des encadrements
rocaille en léger relief.

19 — Autre, de forme oblongue; sur le cou-

vercle : Personnage grotesque fumant une longue pipe; à l'intérieur : Buste de femme.

20 — Autre, sur le couvercle : Sujet allégorique.

21 — Boîte oblongue en écaille posée or, à fleurettes et rinceaux.

22 — Petite boîte oblongue en agate rubanée, montée or.

23 — Boîte ronde en jaspe sanguin, montée or ; elle contient une montre.

24 — Boîte ronde en écaille ; sur le couvercle : Portrait de femme accoudée à une table, cheveux poudrés.

# MINIATURES, ÉVENTAILS
## MONTRES

25 — Miniature ronde : Portrait de femme jouant du clavecin. Époque Empire.

26 — Miniature ovale : Portrait de femme costumée en Diane. Commencement du xixe siècle.

27 — Autre plus petite : Portrait de femme décolletée, une draperie rouge sur les épaules.

28 — Autre ronde : Portrait de femme de face, coiffure Louis XVI.

29 — Miniature : Portrait d'homme, habit bleu. xviiie siècle. Cadre or.

30 — Éventail Louis XV, à monture de nacre, présentant en couleurs des animaux divers; sur la feuille : groupe de personnages écoutant un violoneux; à gauche, une table servie.

31 — Éventail Louis XV, à monture de nacre rehaussée de dorure à personnages, sur la feuille : Scène pastorale.

32 — Éventail Louis XV, à monture de nacre découpée et rehaussée de dorure, à personnages; sur la feuille : Sujet mythologique.

33 — Éventail Louis XV, à monture d'ivoire ajouré et rehaussé de dorure et couleur ; sur la feuille, deux réserves : Scènes champêtres et Chinois.

34 — Éventail Louis XVI, monture ivoire ; sur la feuille, réserve contenant un sujet pastoral.

35 — Éventail Louis XV, à monture d'ivoire repercé et rehaussé de peintures ; sur la feuille : Sujet champêtre à nombreux personnages.

36 — Éventail Louis XV, à monture d'ivoire ajouré ; sur la feuille, réserve : Orphée et Eurydice.

37 — Éventail Louis XV, à monture de nacre rehaussée de dorure ; sur la feuille, sujet pastoral : Berger, bergère et enfant.

38 — Éventail Régence, à monture de nacre ajourée et rehaussée de dorure ; sur la feuille : Festin dans un parc.

39 — Éventail Louis XVI, à monture d'ivoire ;

sur la feuille : Apparition du Christ à une sainte femme, et réserves de fleurs et fruits.

40 — Montre Louis XVI, en or; sur la cuvette émail : Portrait de femme, entourage de jargons.

41 — Montre en or; la cuvette, émaillée en plein, présente un amour conduisant une femme.

42 — Deux montres, l'une Louis XVI, en or, à décor de filets concentriques et pois gravés; et l'autre, Louis XV, en or, à double boîtier, scène allégorique.

43 — Deux montres, l'une Louis XVI, en argent partiellement doré, décor de feuillages et d'animaux; l'autre, Louis XV, en cuivre doré.

44 — Grosse montre ancienne à répétition, en argent gravé.

*

# ARGENTERIE

45 — Sucrier couvert à deux anses en argent, reposant sur quatre petits pieds et orné de motifs rocaille. xviiie siècle.

46 — Autre analogue présentant deux cartouches.

47 — Légumier couvert en argent, de forme circulaire, orné de cannelures et cartouches ; il repose sur quatre pieds feuillages ; les anses sont reliées au corps du légumier par des feuilles de chêne et des glands. Il porte les poinçons du vieux Paris.

48 — Deux flambeaux en argent en forme de balustres à pans ; base octogone à moulures. xviiie siècle.

49 — Deux flambeaux en argent en forme de balustres ornés de feuillages, tores de lauriers, pois et entrelacs au repoussé et gravé. xviiie siècle.

50 — Porte-huilier en argent du xviiie siècle, à poignée ornée de pampres.

51 — Cafetière en argent sur trois petits pieds ; le déversoir est décoré de cannelures, le couvercle de filets en creux. Écusson armorié sur la panse. XVIIIe siècle.

52 — Autre en argent ; surface unie, déversoir à pans, bordure du couvercle godronnée, poignée de bois. XVIIIe siècle.

53 — Jardinière ovale en argent, à deux anses et sur quatre pieds ; elle est ornée de deux rosaces au repoussé ; la bordure est décorée de feuilles. XVIIIe siècle.

54 — Aiguière couverte à anse contournée en argent, décor de feuillages et roseaux repoussés et ciselés ; sur le couvercle, un cygne. XVIIIe siècle.

55 — Ciboire couvert sur pied balustre en argent repoussé et doré, à têtes de chérubins et feuillages ; il présente trois médaillons en émail peint à sujets saints. XVIIIe siècle.

56 — Gobelet en argent ; la base est décorée

de petits godrons et porte le nom de
Roger. xviiie siècle.

57 — Gobelet à anse en argent orné de fleurs
et motifs rocaille repoussés et gravés.
xviiie siècle.

58 — Moutardier en argent à une anse, en
forme de balustre surbaissé ; le couvercle
porte des armoiries gravées. xviiie siècle.

59 — Deux salières bouts de table Louis XVI,
à deux récipients en argent ajouré, à
guirlandes de fleurs ; poignée en forme
de pyramide.

60 — Deux salières bouts de table, à deux
récipients en argent ajouré ; la poignée
est formée d'une colonnette surmontée
d'une urne. xviiie siècle.

61 — Salière oblongue en argent, à base
moulurée. xviiie siècle.

62 — Cinq salières variées ovales Louis
XVI, en argent.

63 — Deux salières ovales Louis XVI, en

argent ajouré, décor d'amours et guirlandes de fruits.

64 — Petite bouilloire couverte en argent, poignée de bois.

65 — Petite jardinière ovale en argent sur quatre pieds griffes. XVIII° siècle.

66 — Bouilloire avec sa lampe en argent; la bouilloire a sa surface côtelée en spirales.

67-68 — Cinq pièces argent : petits plateaux et coupes.

69 — Deux cuillères en argent, à cuilleron ajouré. XVIII° siècle.

70 — Étui pour manuscrit en argent décoré de palmettes.

71 — Trois pièces argent : deux salières et moutardier couverts en forme de marmites.

72 — Deux petites salières en argent, à deux récipients simulant des corbeilles.

73 — Moulin à poivre en argent.

74 — Petit réchaud de forme circulaire, en argent, reposant sur trois pieds contournés ; poignée en bois.

75 — Pot à lait en argent, à surface unie interrompue par quelques cannelures; il repose sur trois pieds.

76 — Deux salières ovales de style Louis XVI, en argent ajouré, décor de sirènes et festons de fruits.

77 — Autre, même style, en argent, décor d'amours et guirlandes de fruits.

78 — Petite lampe de voyage, à essence, en argent, dans un récipient couvert de forme cylindrique, en argent également.

79 — Gobelet en argent, à surface taillée à facettes.

80 — Cafetière en argent à pourtour uni, bordures moulurées.

81 — Dix-huit cuillères et dix-huit fourchettes en argent, à filets.

82 — Cinq cuillères et cinq fourchettes à dessert en argent doré.

83 — Cuillère à saupoudrer en argent doré. Empire.

## BIJOUX

84 — Bracelet en or de couleur avec médaillon présentant une miniature : Portrait de femme.

85 — Bracelet en argent en forme de chaîne interrompue par une montre.

86 — Chaîne de montre formée d'un ruban de soie garni or, à serpent, avec clef et miroir.

87 — Petit bracelet en argent et marcassites avec fermoir en forme de cœur.

88 — Autre analogue, fermoir en forme de nœud de ruban.

89 — Broche ovale, style Louis XVI, à bouquet de fleurs, roses et pierres de couleur.

90 — Deux broches cabochons grenats et roses.

91 — Broche entrelacs, diamants et roses. Louis XVI.

92-93 — Cinq autres, roses. Louis XVI.

94 — Autre, Louis XIII, or, camée et roses.

95 — Deux broches anciennes, chrysolithes et stras.

96 — Deux autres, marcassites et jargons, fond bleu.

97 — Deux autres, camée et bouquet.

98 — Broche émail, Louis XVI : Portrait de femme, monté en argent.

99 — Trois broches émail moderne : Portrait de femme, montées en or émaillé.

100 à 102 — Sept broches variées : miniatures montées en or et argent.

103 — Trois autres en argent, deux en

forme d'éventails ornées de petites miniature, la troisième, écusson.

104 — Médaillon-pendentif, miniature : Portrait de femme, montée en argent et
stras.

105 — Trois bagues en or, chatons pierres
de couleur timbrés d'une couronne.

106 — Autre, Louis XVI, or et argent, avec
montre sur le chaton.

107 — Trois bagues en cuivre.

108 — Deux autres, l'une en argent présentant un Christ sur le chaton, l'autre en
platine.

109 — Lot de broches et boutons en stras,
agate, marcassite, émail.

110 — Quatre petits cadres en or, argent,
stras et chrysolithes.

111 — Quatre boucles de ceinture en or,
argent et stras.

112 — Cinq boucles de ceinture en argent :
motifs divers repoussés et fleurs de lis,

113 — Deux plaques de ceinture en argent
doré présentant une figure de Vierge.

114 — Deux épingles de coiffure, Louis XV,
montées en argent, diamants et topaze.

115 — Peigne monté en argent et stras.

116 — Petite croix d'ordre en grenats et
roses montés en or.

117 — Petite croix, broche, lapis monté
en or.

118-119 — Deux croix d'ordre en stras, verroterie, montées en argent.

120 — Cinq petites croix gréco russes en
argent.

121 — Chaîne de montre en or de couleur
ciselé à rosaces et feuillages.

122 — Chaîne de montre, camées et cabochons agate montés en or.

123 — Collier en or émaillé et perles, formé de petites rosaces.

124 — Collier en or émaillé, Renaissance, formé de doubles disques accolés.

125 — Collier Louis XIII, jais monté en or.

126 — Collier en or et imitations d'émeraudes.

127 — Châtelaine en or émaillé, gerbes de blé et colonnettes.

128 — Autre en or émaillé et ajouré, enfants, vases, fleurs.

129 — Châtelaine en cuivre argenté, présentant une figure de Minerve, chaînes en argent.

130 — Plaque de châtelaine en or et argent, initiale sur fond de rinceaux ajourés.

131 — Épingle de coiffure formée de trois rangées superposées de perles montées en or et argent doré, tige dorée.

132 — Deux autres, grenat; monture en or en forme de serpent.

133 — Épingle double en or et pierres de couleur.

134-135 — Quatre épingles de cravate en or et argent, émail moderne, camée, miniature, rosace.

136 — Trois pièces : paire de boucles d'oreilles, stras et argent, croix-pendentif, argent doré et roses, agrafe, grenats cabochons montés en or.

137 — Deux pièces : intaille sardoine montée en or formant cachet tournant, et pendentif, écusson fleurdelisé monté or.

138 — Grande plaque circulaire en argent et verroterie à rosaces, et motifs divers en relief.

139 — Lot de boutons d'acier en deux dimensions.

# PORCELAINES

## OBJETS VARIÉS

140 — Étui en ancienne porcelaine de Saxe, en forme de bras tenant un cœur; monture en cuivre.

141 — Étui en porcelaine de Saxe, en forme d'enfant emmaillotté.

142 — Moutardier sur plateau fixe à bords festonnés, en ancienne porcelaine tendre de Bourg-la-Reine, décor de jetés de fleurs; bordure en argent doré.

143 — Deux couteaux à poissons, lames en argent gravé et doré, manches en porcelaine dite de l'Inde, aux armes de Saxe.

144 — Quatre pièces : deux couteaux et deux fourchettes en argent, à manches en porcelaine d'Allemagne.

145 — Deux pièces : petit [médaillon, émail

peint de Limoges, et petit portrait de femme en costume Renaissance, dans des cadres en bois noir et cuivre.

146 — Deux grandes miniatures sur vélin : la Sainte Famille, l'Ensevelissement du Christ, dans des cadres en cristal et cuivre.

147 — Paire de ciseaux en acier damasquiné.

148 — Paire de ciseaux en argent.

149 — Quatre couteaux à manches de nacre, dont deux à lames de vermeil. XVIII$^e$ siècle.

150 — Six couteaux à manches genre écaille posée argent.

151 — Douze autres, manches en bois garni argent.

152 — Quatre couteaux, dont un à lame d'argent ; manches en jaspe sanguin.

153 — Étui en aventurine, monté or, écrin en galuchat.

154 — Émail sur cuivre : Danaé. XVIIIᵉ siècle.

155 — Deux petits portraits de femmes Louis XIV, sur cuivre, dans un double écrin en cuivre doré.

156 — Flacon cristal, monture or gravé.

157 — Autre, bouchon or de couleur ciselé.

158 — Petit flacon en cristal, taillé à facettes, bouchon or, avec petite cuillère or; étui en galuchat.

159 — Deux petites cassolettes, en forme de vase couvert, en argent.

160 — Petite poivrière de forme cylindrique en argent, décor de bambous et fruits.

161 — Petit modèle de prie-Dieu en bronze.

162 — Ceinture russe en étoffe lamée de métal, enrichie de boutons et coulants d'argent niellé de Toula.

163 — Carnet dans une reliure formée de deux plaques d'écaille posée et piquée or, monté en argent doré.

164 — Porte-cartes en maroquin, contenant une montre.

165 — Fontaine couverte en métal de cloche (?) gravé, vases de fleurs et oiseaux. Ancien travail des colonies portugaises.

166 — Veilleuse en plaqué ajouré.

167 — Étui en caillou d'Égypte représentant un sphinx, monture or. Époque Louis XV.

168 — Encrier pied de cheval, monture argent. Cet encrier est formé du sabot du cheval avec son fer; le dessus et la monture intérieure en argent.

169 — Deux cassolettes formant flambeaux, monture argent, style Louis XVI, sur fût de colonne et socle bois sculpté.

170 — Deux porte-bouquets, onyx ; monture argent. Style Louis XVI.

171 — Lot de dix miniatures.